向歷史人物學品格

交友篇

劉昭仁 編著

推薦序

「這是最好的時代，這是最壞的時代；這是智慧的時代，這是愚昧的時代」（狄更斯），現今社會變遷迅速，是一個多元價值的社會、全球化的社會，加以科技進步，交通發達，雖說是天涯若比鄰，但人際關係卻相對疏離，使得為中國人所稱道的忠、孝、仁、愛、禮、義等傳統美德逐步崩解中。

我們需要為我們提燈引路的典範，我們需要能夠讓我們效法學習的榜樣。值此有志之士亟思如何導正這股社會偏差的價值觀之時，《向歷史人物學品格》的著作群編輯了這一系列叢書，列舉大家所耳熟能詳的歷史人物故事，並從每一故事中告訴我們如何在他們身上發現做人做事的道理，進而啓發我們奮發向上，在在都值得我們細細品味、反思，是一套有系統有可讀性的好書。

臺北市立新民國中校長　柯淑惠

編著者的話

歷史是過去人類活動的紀錄，是給後人為人處世參考的資料。除了空間與時間兩個要素以外，歷史的主體是生活在時空範圍中的人。

一代史學宗師錢穆先生認為：「歷史最重要的是人物，人物是歷史的主幹、中心和靈魂。」「人是歷史的中心，是歷史的創造者、主幹者、表現者和支配者。」

民國初年國學大師章太炎，論史時說：「僕以為民族主義如稼穡然，要以史籍所載人物、制度、地理、風俗之類為之灌溉，則蔚然以興矣。不然徒知主義之可貴，而不知民族之可愛，吾恐其漸就萎黃也。」

西漢大史家司馬遷認為，研究歷史可以「別嫌疑、明是非、定猶豫」，也可以「補敝起廢」。

錢穆先生說：「中國人稱『史鑑』，既往之歷史，乃如當前人生一面鏡子。人不能自見其面貌，照鏡可見。亦如人不能自知其當前之生，鑑於以往之歷史，乃如攬鏡自照。由鏡照己，亦如讀以往之史而知己當前之生，其間實無大相異處。」

歷史是一面鏡子，已經是我們普遍的認知。當魏徵辭世之後，唐太宗哀痛地說：「以銅為鏡，可以正衣冠；以史為鏡，可以知興替；以人為鏡，可以知得失。今徵死，吾失一人鏡矣。」

歷史與歷史人物，都具有借鑑作用，故讀史可以鑑往知來。

英國哲學家柯林伍德說：「歷史應當被視作在當前依舊存活的一個過程。」

培根說：「歷史使人聰明。」乃因歷史既是一面鏡子，它映出人類的真、善、美，也映出假、惡、醜。以史為鏡，可以啓迪我們的心智，開拓胸襟，明辨是非，以免重蹈覆轍。

歷史人物是活生生的榜樣，對後人有啓示作用，故孟子說：「聞伯夷之風者，貪夫廉，懦夫有立志。」「聞柳下惠之風者，鄙夫寬，薄夫敦。」

所謂「歷史人物」，錢穆先生有廣義和狹義兩種解釋。在狹義上，錢穆先生僅把歷史中少數傑出和正面的、對歷史發展和進步起深邃和重大影響的人物，稱為「歷史人物」；在廣義上，錢穆先生把凡在歷史上進行活動、對歷史起過影響和作用的人，均視為「歷史人物」。

錢穆先生又認為歷史人物評判的最主要標準，都是道德而非事功。中國歷史上的所謂失敗人物，如岳飛、文天祥等，其實並未失敗，因為他們的心性道德，決定了他們的歷史地位和影響。他又認為，這種重視歷史人物道德品格的精神，正是中國歷史的精神。

錢穆先生說：「中國歷史是一部充滿道德性的歷史，中國的歷史精神，也可說是一種道德精神。中國的歷史人物，都是道德性的，也都是豪傑性的。」因此他認為，治史只有八個字最重要，即「世運興衰，人物賢奸」。

史學學者甲凱教授，在其所著《史學通論》中，論中國史學的特性時說：「中國史學最大的特性，是長於敘事而重道德，而與西方專重知識者不同。」錢、甲二氏之卓見，可謂不謀而合。

本書所稱舉的歷史人物，是錢穆先生所說具道德性的、正面性的、狹義上的，每一個人物及其故事，都具有道德的意義。是以，本書的旨趣，在企圖以「歷史人物」的事蹟故事，來啓迪當今我們為人處世的道德與智慧。但是，「歷史人物」之多，不勝枚舉，而且其為人處世的德慧，非僅一端或數端，又局限於編著者的學殖、精力與篇幅，只取孝順、忠貞、交友、寬仁、勤學、廉潔、誠信、節儉、慎獨、忍讓諸端，每端擇幾個歷史人物來敘述，掛一漏萬，殊欠周詳精確，尚請讀者見諒。

品格、道德是人類的核心價值，美好的名譽，要靠品格、道德和事功貢獻才能獲得，古今中外皆然。《左傳》以立德、立功、立言為「三不朽」。立德實為立功、立言的基礎，言之輕重，功之大小，必以道德厚薄為準。「歷史不死，前賢長在」，「歷史人物」就像星辰一樣，永遠在蒼穹中閃耀。孔子說：「見賢思齊焉，見不賢而內自省也。」有人說：「人皆知敬有道者，不知行之自得道也。」是的，能夠「行之自得道」，才最為殊勝。

目次

交友的意義

我們每一個人都需要交朋友，朋友是五倫之一，人倫除君臣、父子、夫婦、兄弟之外，就是朋友這一倫了。古今中外的聖哲，無不重視交友。孔子說：「有朋自遠方來，不亦樂乎？」（《論語．學而》）在《論語》中，孔子和弟子討論交友之處極多（後有討論）。

《禮記．學記》說：「獨學而無友，則孤陋而寡聞。」學業沒有朋友的相互切磋琢磨，就無法長進。

晉代傅玄《太子少傅箴》說：「故近朱者赤，近墨者黑；聲和則響清，形正則影直。」

唐代初年四傑之一的王勃說：「海內存知己，天涯若比鄰。」四海之內，如果有知心的朋友，就算遠在天邊，也如近鄰一般。

明代王肯堂〈交友〉說：「世無友，如天無日，人無目。」

清代曾國藩給諸弟書說：「一生之成敗，皆關乎朋友之賢否，不可不慎也。」又在給兒子的書說：「選擇朋友是人生第一要事，必須選擇志向遠大的人做朋友。」

林良先生在〈父親的信〉文中說：「朋友能增長你的知識，擴充你的生活經驗，所以朋友真像一本一本的好書。」

北京大學溫儒敏教授說：「漫漫人生路上，有了朋友的扶持與分擔，生命之重才不會不堪承受。在人生的風風雨雨中，朋友可以為你遮風擋雨，為我們分擔煩惱，為我們解除勞苦和困難，朋友時時會伸出扶助的手。他是我們受傷時的一劑創可貼，是我們飢寒時一杯滾燙的開水，是我們落淚時的一塊手帕。朋友是金錢買不來的，虛假換不到的，只有真心才能夠換來最可貴、最真實的東西。」

又有人說：「得不到友誼的人，將是終身可憐的孤獨者，沒有友誼的人生，只是一片繁華的沙漠。」又說：「如果生活中缺少友誼，就像世界失去了太陽，因為太陽是上帝賜予我們最好的禮物，而友誼則可以給我們帶來最大的快樂。」

古羅馬哲人西塞羅說：「友誼的好處很大也很多，它無疑是一個絕好的東西，因為友誼能使我們對未來充滿希望，能給我們以力量和信心。」又說：「由於友誼蘊含著極多的和極大的裨益，因而它比一切都優越，它能用美好的希望照亮未來，它能彌補心靈的創傷，或挽救心靈的墮落。」

穆尼爾．納素夫說：「人與人之間的友誼，就是病人的靈丹妙藥。」

古希臘哲人亞里斯多德說：「對年輕人來說，朋友是提醒他們不犯錯誤的謀士；對老年人來說，朋友是補充他們衰弱的體力、照顧他們生活困難的助手；對成年人來說，朋友是輔佐他們完成宏偉事業的臂膀。」

法哲蒙田說：「友誼能使情感由暴風驟雨轉為朗朗晴天，它也能使人擺脫陰鬱紛亂的思緒而豁然開朗。」

德哲尼采說：「人生無友，猶生活中無太陽。」

英哲培根說：「沒有友誼，則這世不過是一片荒野。」又說：「缺乏真正的朋友，乃是最純粹最可憐的孤獨。」

法國作家羅曼・羅蘭說：「友誼是畢生難覓的一筆珍貴財富。」又說：「有了朋友，生命才顯出它全部的價值。」

俄國托爾斯泰也說：「財富不是永久的朋友，朋友卻是永久的財富。」

日本作家池田大作說：「沒有真正的友情的人，作為人是殘廢的。」

美國愛迪生說：「友誼能增進快樂，減輕痛苦。因為它能倍增我們的喜悅，分擔我們的煩惱。」

培根說：「缺乏真正的朋友，乃是一種地地道道的非常可悲的孤獨。因為如果沒有真正的朋友，世界只不過是一片荒野；甚至在這個意義上還可以說，凡是生性不適宜於交友的人，其性格是禽獸的性格，而不是人的性格。」愛因斯坦說：「世間最美好的東西，莫過於有幾個頭腦和心地都很正直且嚴正的朋友。」

有人這樣比喻：「友誼是火，融化了人生的冰；友誼是水，灌溉了乾涸的禾；友誼是風，吹走了心靈的塵；友誼是雨，滋潤了心田的花。」

從以上所引述中外聖哲的言論中，我們可以知道交朋友的好處及重要性。

臺灣大學哲學系傅佩榮教授說：「朋友是一起製造回憶的人。」又說：「我們不能選擇自己生活的時代，也不能大幅度改變當前的環境，但是我們可以慎選良師益友，使自己的心靈得到較佳的待遇。」我們可要注意他話中的「慎選」二字，就是在提醒我們選擇師友要非常慎重，因為朋友有損友也有益友，猶如人也有君子與小人之別。

俗語說：「與君子遊，如入芝蘭之室，久而不聞其芬；與小人交，如入鮑魚之肆，久而不聞其臭。」

俗語也說：「近朱者赤，近墨者黑。」因為相處日久，自己不覺已經被同化了。和品德高尚的人交朋友，自己也會受到好的、正面的影響，反之，和品德不好的人交朋友，自己就會受到壞的、負面的影響。

《論語．季氏》孔子說：「益者三友，損者三友。友直、友諒、友多聞，益矣；友便辟、友善柔、友便佞，損矣。」是說正直、真誠、見聞豐富的朋友才是益友，會使人受益；而心術不正、習慣於動歪腦筋、很會裝模作樣、矯揉造作的、習慣愛說別人閒話的朋友是損友，會使人受害的。

明代學者蘇浚《雞鳴偶記》中說：「道義相砥，過失相規，畏友也；緩急可共，死生可託，密友也；甘言如飴，遊戲徵逐，暱友也；利則相攘，患則相傾，賊友也。」對於這種損友、暱友、賊友，我們寧可自甘於寂寞，也不宜結交他們，而要多交敢於直言相勸的畏友和患難與共的密友。

英國莎士比亞曾說：「與良友伴行，路遙不覺甚遠。」

好友就如同我們心靈中的一扇窗，俗語說：「人之相知，貴相知心。」可是，知心的朋友難求。《史記・管晏列傳》說：「相識滿天下，知心有幾人？」真正的朋友，是心靈之交，是良師益友。

英國文學家蕭伯納這樣說：「倘若你有一個蘋果，我也有一個蘋果，我們彼此交換這些蘋果，那麼我和你仍然是各有一個蘋果。但是，倘若你有一種思想，我也有一種思想，我們彼此交流這些思想，那麼，我們每個人將有兩種思想。」朋友就是可以互相交換思想、溝通心靈、彼此互助的人。

知心的朋友是憂樂與共的，如果我們把快樂告訴朋友，快樂就會加倍；如果把憂愁向朋友傾吐，憂愁就會減半，這種朋友就是知心的朋友。

因此，朋友相交，不但要錦上添花，更要雪中送炭，如果不能雪中送炭，也最不該落井下石。

明代王肯堂〈交友〉：「吾榮時招之始來，吾患時不招自來，真友哉！」

北宋名臣司馬光在元祐年間出任宰相時，推薦劉器之到國史館任職。

有一天劉器之來訪，司馬光問他：「你知道我為什麼推薦你嗎？」

劉器之回答：「因為我們是舊交。」

司馬光說：「不是，其實是因為我閒居在家時，你經常來問候；而我擔任宰相後，卻只有你沒有來過信，這才是真正的原因。」

司馬光之意，是當他失勢落難時，劉器之仍然雪中送炭，和他維持很好的友誼，不像其他人只在他當了宰相後才來趨炎附勢，錦上添花。很得司馬光欣賞，所以特別推薦他出任要職。風雨人生路，知心的朋友可以為我們擋風寒；知心的朋友是我們登高時的一把扶梯，是我們受傷時的一劑良藥，是我們飢渴時的一碗白水，是我們過河時的一葉扁舟。

友誼的基礎是信任，沒有信任的友誼，就如同沙堆上的樓房，不用多久就會倒塌。朋友之間沒有信任，輕則會導致分手，重則會釀成不可挽回的悲劇。因此，彼此信任是結交朋友的首要條件，彼此忠實是保持友誼的不二法門。只有忠誠，才能保證友誼永恆不變的品質。朋友彼此要推心置腹，開誠布公。西漢揚雄《法言．學行》說：「朋而不心，面朋也；友而不心，面友也。」是說交朋友不用真心誠意，只是表面上的朋友而已。

《論語．子張》載子張論交友之道說：「君子尊賢而容衆，嘉善而矜不能。」我們要讚美朋友的優點，也要包容朋友的缺點。

《論語・子路》孔子說：「朋友切切偲偲，兄弟怡怡。」是說朋友之間相處要互相尊重，互相勉勵，互相督促；而兄弟之間則要彼此和和樂樂。

《論語・顏淵》也記述曾子的話：「君子以文會友，以友輔仁。」

孔子曾經教導子貢交友之道，說：「忠告而善導之，不可則止，毋自辱焉。」

南朝梁之周興嗣〈千字文〉說：「交友投分，切磨箴規。」姑息朋友的錯誤或過失，會使朋友無所顧忌地走向毀滅，故有時對朋友要「忠告而善導之」。

荀子也說：「是我而當者，吾友也；諂諛我者，吾賊也。」如果朋友有過失而我們不加「忠告善導」，我們則成了「賊友」了。

當朋友犯錯時，我們應出於善意，並且用誠懇的態度、婉轉的方式、溫和的語氣，加以勸導，盡量避免損傷他的自尊，才容易收效，但是，假如朋友不肯接納善意勸導，無心改過，我們多說無益，甚至可能招致惡言相向，這時我們可要停止再勸，以免自討沒趣。

《史記．汲黯列傳》：「一貴一賤，交情乃見。」是說人的貴賤地位變化時，才能看出友情的真假。勢利或功利是人際交往的毒藥，要擺脫對功利勢利的依附，才有真誠、純潔的友誼。

《戰國策．楚策一》：「以財交者，財盡而交絕；以色交者，華落而愛渝。」

《史記．鄭世家贊》：「以權力合者，權力盡而交疏。」

東漢班固《漢書．張耳陳餘傳》說：「勢利之交，古人羞之。」

晉代陸機《要覽》說：「勢利之交，難以經遠。」

《薛文清公讀書錄．交友》說：「不以利交而無咎。」

隋代王通《文中子．禮樂》說：「以勢交者，勢傾則絕；以利交者，利窮則散。」

唐代李白〈贈友人〉之二：「人生貴相知，何必金與錢！」因此，朋友不可以勢利相交，勢利傾則會絕交，利益沒有了就會疏散，唯有以道義相交、性情相交、肝膽相交、真誠相交，友誼才會深切長久。金錢或權勢換不來肝膽相照的朋友，只有崇高的個人品質和人格魅力，才能獲得朋友的尊敬和信任。

《禮記．表記》說：「君子之接如水，小人之接如醴。君子淡以成，小人甘以壞。」

《莊子．山水》說：「君子之交淡若水，小人之交甘若醴。」

明儒方孝孺說：「君子淡如水，歲久情愈真；小人口如蜜，轉眼如仇人。」

明儒蘇伯衡說：「有求於人而不加以親近，無求於人也不加以疏遠，這就是君子的行為。有求於人而唯恐不親近，無求於人而唯恐不疏遠，這就是小人的行為。」小人之交友，必然趨炎附勢，相當熱情，而熱情後即趨冷淡。那些所謂酒肉朋友，酒食相徵逐，只可共飲玩樂，不可共患難，沒有真正的友情。

莎士比亞說：「酒食上得來的朋友，等到酒盡樽空，轉眼成為路人；一片冬天的烏雲剛剛出現，這些飛蟲們早就躲得不知去向了。」

所以，君子要交有義，不必常相從。

總而言之，人生世上，不能沒有朋友，多個朋友多條路，朋友多了路好走，這是一句千古不變的至理名言。如果我們在追求成功或成就時，能夠有幾位與自己同步成長的朋友，那麼我們的生命，必定更豐盈美好。爭取朋友，是人生的一項工程；贏得知心的益友，是人生的一種智慧、一種幸福。然而，朋友之交，必須以忠信相待。北宋時，王安石實行新法，任用了呂惠卿等小人，而排擠司馬光等保守派。司馬光寫信給王安石說：「忠信的人，在您當權時，雖然說話難聽，覺得很可恨，但以後您一定會得到他們的幫助；而那些諂媚的人，雖然順從您，讓您覺得很愉快，一旦您失去權勢，他們當中一定會有人為了自己的私利出賣您。」果然，王安石被罷免了相位後，呂惠卿當上了宰相。他很快便與王安石發生矛盾，甚至企圖將王安石置於死地。這正應驗了司馬光信中的話。

交友的故事

管鮑之交：管仲與鮑叔牙

春秋時代，齊國的管仲年輕時就和鮑叔牙很要好。

管仲曾經這樣說：「我貧困時，曾與鮑叔牙合夥經商，分錢時自己分得多，但是鮑叔牙不認為我貪婪，因為他知道我貧窮。我曾經為鮑叔牙辦事，結果愈辦愈窘迫，鮑叔牙不認為我愚昧，因為他知道時機有利與不利。我曾經數度當官，但是都被國君斥逐，鮑叔牙不認為我不肖，因為他知道我遭遇不利的時運。我曾經參與戰爭，結果三戰三逃，鮑叔牙不認為我膽怯，因為他知道我家有老母。公子糾失敗之後，召忽自殺，我則幽囚、受辱，鮑叔牙不認為我無恥，因為他知道我不羞小節，而以功名不能顯揚於天下為恥辱。生我者是父母，而知我者則是鮑子。」

原來，齊襄公醉殺魯桓公，私通其夫人。他的弟弟們唯恐災禍臨身，紛紛逃亡。公子糾出奔魯國，由管仲、召忽輔佐；而公子小白則出奔到莒，由鮑叔牙輔佐。齊襄公死後，齊襄公的堂兄弟無知繼位，但不久即被殺。齊國權臣派人到莒去招請小白。而魯國也派兵護送公子糾回國，另外又派管仲帶兵去阻攔小白，結果雙方遭遇，管仲射中公子小白的帶鈎，公子小白裝死。公子糾的隊伍，行動就遲緩下來，而小白已早一步回國，當上了國君，是為齊桓公。

齊桓公登基之後，就殺了公子糾，又發兵攻魯，想殺管仲，而鮑叔牙出面說情，只把管仲囚禁起來。齊桓公要請鮑叔牙當丞相，幫助他治理國家。

鮑叔牙卻說：「大王想治理齊國，那麼只要高傒與叔牙就夠了；如果想稱霸於天下，則非管仲不可。」

齊桓公不同意，說：「當初管仲射我一箭，差點把我射死，我不殺他就算不錯了，怎麼還讓他當丞相呢？」

鮑叔牙說：「我聽說賢明的君主是不記仇的，更何況當時管仲是為公子糾效命。一個人能忠心為主人辦事，也一定能忠心為君主效力。大王如果想稱霸天下，沒有管仲就不能成功，您一定要任用他。」

最後，齊桓公接受了鮑叔牙的建議，任命管仲當丞相，並尊他為仲父，給予最高的恩惠。後來經過多年的努力，在管仲卓越的輔佐下，齊桓公大會諸侯，成為春秋時代的第一位霸主，而管仲也被後人公認為「春秋第一相」，連孔子也稱讚他說：「管仲相桓公，霸諸侯，一匡天下，民到於今受其賜；微管仲，吾其被髮左衽矣！」

鮑叔牙與管仲交往，很知道管仲的賢能，始終善待管仲，不曾有怨言。後來又推薦管仲請桓公任他為丞相，而自己卻屈居下位。

後來管仲雖然使齊桓公稱霸天下，但天下之人並未稱譽管仲賢能，卻誇美鮑叔牙有知人之明。其實，鮑叔牙不但有知人之明，而且有救人之智、讓賢之量。

當鮑叔牙推薦管仲為相時，對齊桓公說：「以我與管仲相比，我有五點不如他：寬厚仁慈，能安撫百姓，這我不如他；治理國家，能抓住根本，我不如他；忠信可結於諸侯，我不如他；能給國家制定規範和禮儀，我不如他；能站在軍門前指揮練武，使將士勇氣倍增，我更不如他。管仲有了這五個強項，所以要是他當宰相的話，定可以使齊國很快強盛起來。」桓公同意了他的話。

管仲與鮑叔牙兩人相知相惜，後人遂以「管鮑之交」來比喻朋友之間友誼的真摯深厚。

而齊桓公聽從善言，任用仇敵，「外舉不避仇，內爭不避親」，足見胸襟寬弘，故能稱霸天下。

交友的故事

為知音絕弦的俞伯牙

春秋時代晉國的大夫俞伯牙，精通音律，琴藝高超，是個音樂家。他從小就酷愛音樂，恩師曾經帶著他到東海的蓬萊山，領略大自然的壯美神奇，使他從中悟出了音樂的真諦。他彈起琴來，琴聲優美動聽，猶如高山流水一般。雖然，有許多人讚美他的琴藝，但是他卻認為一直沒有遇到真正能聽懂他琴聲的人。

有一年，俞伯牙奉命出使楚國。他一路乘船而行，八月十五那天，當船行到馬鞍山下時，突遇一場暴風雨，只得令船靠岸，暫避風雨。晚上，風雨漸漸平息，雲開月出，景色十分迷人。他望著天空的一輪明月，琴與大發，走進艙內，取出隨身攜帶的瑤琴，坐在船頭，面對眼前的高山流水，盡興地彈奏。

悠揚的琴聲隨著清風，傳到正在山上砍柴的鍾子期之耳。鍾子期立即停下手中的刀斧，循著琴聲，來到附近，並伴著琴聲的節奏，不停地擊掌，陶醉其中。這時，俞伯牙也愈彈愈起勁。

突然，琴弦斷了一根，俞伯牙隱約覺得附近有人在聽他的演奏。於是，他來到岸上，發現隱於樹後的樵夫鍾子期。俞伯牙心想：「一個樵夫怎麼會聽懂我的琴呢？」於是就問。

樵夫說：「您剛才彈的是孔子讚嘆弟子顏回的曲譜，只可惜彈到第四句時琴弦斷了。」

俞伯牙不禁大喜，便熱情地請他到了船上。隨後，伯牙又彈了幾曲。當他彈奏的琴聲雄壯高亢的時候，鍾子期讚美說：「彈得好啊！巍巍高聳如泰山。」

當琴聲變得清新流暢時，鍾子期讚美說：「彈得好啊！浩浩蕩蕩如流水。」

俞伯牙不禁驚喜萬分，頓覺相見恨晚，兩人喝起酒來，愈談愈投機，於是結拜為兄弟，並約定來年的中秋再到此地相會。

第二年，俞伯牙如期赴約，可是久等不見鍾子期前來，便攜琴找到鍾子期的家。得知鍾子期已經病故了，臨終前，還留下遺言，要把墳墓修在江邊，到八月十五日相會時，好聽俞伯牙的琴聲。

俞伯牙頓覺五雷轟頂，萬分悲痛，請人帶他到鍾子期的墳前，長跪不起，哭訴知音難覓之情。隨後取出瑤琴，淒楚地彈起古曲〈高山流水〉。彈罷，他挑斷了琴弦，長嘆了一聲，把心愛的瑤琴摔得粉碎，悲傷地說：「我唯一的知音已不在人世了，這琴還彈給誰聽呢？」從此以後，俞伯牙再也不曾彈琴。

聽劉老師說

「高山流水遇知音」的佳話，流傳千古。後以「高山流水」一語，形容琴曲的高妙，更用以指心意相通的知音。

宋代王安石〈伯牙〉：「故人舍我歸黃壤，流水高山心自知。」

蘇軾〈南歌子．八月十八日觀潮〉：「坐中安得弄琴牙？寫取餘聲歸向水仙誇。」

岳飛〈小重山〉：「欲將心事付瑤琴。知音少，弦斷有誰聽？」

南朝．梁江淹〈傷友人賦〉：「吝妙賞之不留，悼知音之已逝。」

自古以來知音難求，伯牙絕弦於鍾期，就是痛知音之難遇。林語堂先生說：「天下有一知己，可以不恨。」意思是說：一個人只要有一個知己，一生就可以毫無遺憾了。生活中，我們如果遇到了一位真心相交的知己時，一定要珍惜知己，善待知己。

患難與共的左伯桃

春秋時代，楚元王崇儒重道，招賢納士。西羌積石山有一個賢士，名叫左伯桃，自幼父母雙亡，勉力讀書，成為濟世之才，成就了安民之業。

左伯桃五十歲時，因鑑於諸侯少行仁政的，大都恃強凌弱，所以他一向沒有做官的念頭。後來，他聽說楚元王慕仁為義，遍求賢士，於是攜帶一囊書，辭別鄉中鄰友，直奔楚國。時值嚴冬，瑞雪紛飛，狂風刺骨，左伯桃受盡苦頭，衣裳都溼透了。

他奮勉前進，看看天色漸漸暗了下來，遠遠望見遠處竹林中有一間茅屋，窗中透出一點燈光來。他心中大喜，就到茅屋前叩門求宿，屋裡走出一個年約四十多歲的書生，知道了左伯桃的來意，便非常熱情地迎他進屋。

左伯桃進到屋內，上下一看，只見屋中家具簡單，而且破陋不堪，一張床上堆滿了一些書卷。左伯桃請教那人姓名，知道是羊角哀，也是自小死了父母，平生只愛好讀書，有志救國救民，兩個人交談起來，十分投機，大有相見恨晚之意，兩人就結拜為異姓兄弟。

左伯桃見羊角哀一表人才，學識又好，就勸他一同到楚國去謀事，羊角哀也正有這個心思。一日天晴，兩人便帶了一點乾糧往楚國去。曉行夜宿，看看乾糧就要吃光了，而老天又下起大雪來，左伯桃兀自思量，這點乾糧，若供給一人受用，還能到得楚國，要是供給兩個人，則遠遠不夠。

他自認學問沒有羊角哀淵博，便情願犧牲自己，去成全羊角哀的功名。於是他故意摔倒在地，叫羊角哀去搬塊大石來坐著休息。等羊角哀把大石搬來，左伯桃已經脫得精光，裸臥在雪地上，凍得奄奄一息。

羊角哀大哭。左伯桃叫他把自己的衣服穿上，把乾糧帶走，趕緊去求取功名。話說完後就死了。羊角哀到了楚國，得到上大夫裴仲的推薦。楚元王召見羊角哀時，羊角哀上陳十策，元王大喜，拜羊角哀為中大夫，賜黃金百兩，綢緞百匹。羊角哀卻棄官不做，要去尋找左伯桃的屍首。羊角哀找到左伯桃的屍首後，給左伯桃香湯沐浴，選擇一塊吉地安葬了。羊角哀便在這裡守墓。

聽劉老師說

俗語說：「路遙知馬力，日久見人心。」朋友相處久了，才能考驗彼此的交情。

左伯桃與羊角哀在患難中相逢相識，彼此都覺得相見恨晚，而結為異姓兄弟。從此，兩人相互提攜，相互勉勵，為求取功名，一同歷盡艱辛。在這過程中，在不得已的情況下，左伯桃自願犧牲自己，成全學問比自己淵博的羊角哀。當羊角哀到楚國找到官職以後，竟然棄官不做，只求安葬好友左伯桃，並廬墓相守。這種真摯的友誼，不因生死而稍變，真令人感動，令人泫然。

背信害友的龐涓

鬼谷子是戰國時期的隱士，長於兵學和縱橫捭闔之術。著名的兵家尉繚和縱橫家蘇秦、張儀，都出於他的門下。孫臏和龐涓少年之時，也都跟隨鬼谷子學習兵法，孫臏是齊國人，龐涓是魏國人，他們兩人既是同窗好友，又是好兄弟。

有一年，魏王招納賢士，龐涓就辭別老師回魏國。臨走前，他對孫臏說：「我們是好兄弟，如果我將來有了好的發展，一定把你也推薦過去。我們要有福同享。」

龐涓到了魏國，魏王見他有出眾的文韜武略，就請他當軍師。在隨後的戰爭中，龐涓幫助魏王屢克強敵，名震諸侯，深得魏王的賞識。但他並沒有兌現自己先前許下的諾言，將孫臏引薦到魏國。因為他知道，孫臏無論在哪方面都比自己強。

有一次，墨子去拜訪好友鬼谷子，見到孫臏後，對他的才華讚嘆不已。後來，墨子來到魏國，向魏王極力稱讚孫臏，說魏王如果能得到他，就可以無敵於天下了。魏王知道孫臏和龐涓是同窗，就叫龐涓修一封信，請孫臏到魏國來。龐涓深知孫臏一來，自己必然失寵，但他又不敢違背魏王的命令，只好硬著頭皮給孫臏寫信。於是孫臏來到了魏國。

魏王召見孫臏後，問他兵法，孫臏對答如流。魏王很高興，就想封孫臏為副軍師，與龐涓同掌兵權。但虛偽奸詐的龐涓卻說孫臏是自己的師兄，才華又比自己高，理應做正軍師。於是，孫臏就做了正軍師，而龐涓卻成了他的助手。但是心胸狹窄的龐涓並不想真的屈居於孫臏之下，他就一直暗中尋找機會殺掉孫臏。

在一次演練兵法的大會上，龐涓明顯不如孫臏，他非常生氣，便下定決心要除掉孫臏。龐涓開始在魏王面前說孫臏雖然身在魏國，卻心向齊國。魏王一聽大怒，就罷免了孫臏的官職，並要龐涓監視他。龐涓又向魏王說孫臏有私通齊國之罪，應讓他成為一個不能行走的廢人，永遠不讓他回齊國。

魏王聽從龐涓的建議，就對孫臏處以臏刑（削去膝蓋骨），並在他的臉上刻上「私通外國」四個字，關進監獄裡。這個時候，龐涓假意痛哭一番，孫臏不知真相，還對他萬分感激。

其實，龐涓之所以不殺孫臏，用意在想得到孫臏的《孫子兵法》。但孫臏並不知道龐涓的陰謀詭計，為了感激龐涓對自己的照顧，還每天在木簡上刻兵法，交給龐涓。後來，龐涓的僕人可憐孫臏，就把真相告訴了他。孫臏得知真相後，在萬分絕望之下，忍辱不屈，發憤圖強，設法擺脫龐涓的監視，就開始裝瘋，以此來消除龐涓對他的防範。多疑的龐涓果然不相信，用盡各種方法來折磨考驗孫臏。龐涓派人把孫臏拖進豬圈，只見孫臏在豬圈裡又哭又笑，吃豬食和泥土，還不停地在豬尿裡打滾。龐涓才相信孫臏真的瘋了，對他不再設防。

過了一些時候，墨子將孫臏的事通知了齊王，齊王於是派使者來魏國。孫臏趁人不備，請求一個刑徒偷偷去見齊使，齊使用計把孫臏以柴車偷偷運回齊國。

孫臏回到齊國後，受到齊國大將田忌的賞識，待以上賓之禮，言聽計從。齊威王發現孫臏是個傑出的軍事天才，便任命他為軍師。

後來，魏國大舉進攻趙國，龐涓率兵八萬包圍趙都邯鄲。趙國向齊國求救，齊威王以田忌為主將，孫臏為軍師，率領八萬齊軍大舉攻魏。孫臏以「圍魏救趙」的策略，在桂陵之戰大勝魏軍。十三年後，魏惠王又派龐涓率兵大舉進攻韓國，韓國向齊國求救，孫臏又率兵攻魏，以「增兵減灶」的計謀，誘敵深入，在馬陵道之戰，全部殲滅魏軍。龐涓身負重傷，最後拔劍自殺。

馬陵道大捷後，孫臏沒有接受齊威王的封賞，主動辭去軍師的官職，過起隱居的生活。晚年，把全部精力用於軍事理論的著述，寫了流傳千古的《孫臏兵法》。

龐涓和孫臏原是同門師兄弟，兩人在未發達之時的感情自不必待言。但是龐涓一旦發達了，一切就變了，甚且設計陷害孫臏，欲置之於死地，大失同窗之道，更失為人之道，至為不仁不義。

孫臏所著《孫臏兵法》，在很多方面繼承和發展《孫子兵法》，具有很高的軍事理論價值。面對戰國七雄爭立、天下分裂、戰爭頻仍、弱肉強食的歷史現實，孫臏只好用戰爭的手段才能解決問題，但是，他也深知窮兵黷武的人，必然會使國破家亡，因此，他積極主張變法革新，改良政治，發展經濟，富國強兵，以確保戰爭的勝利。

孫臏的戰略思想是「必攻不守」，賞、罰、權、勢、謀、詐，雖然有助於戰爭的勝利，最主要的還是在堅決打擊敵人空虛而要害之處，這也就是《孫子兵法》所講的「避實擊虛」、「出奇制勝」、「攻其所不救」、「攻其所不守」之意。

在戰術上，孫臏重視「勢」，要求用兵布陣，必須造成極其險峻的有利態勢，給敵人突然猛烈、猝不及防、手足無措的打擊。

孫臏對將帥要求十分嚴格，不僅要有勇有謀，必備仁、義、德、信、智、決等條件，還必須有豐富的知識，上知天文，下知地理，內得民心，外曉敵情。而對士兵的要求是注重質量，提高素質，嚴格選拔、訓練，信賞明罰。而上級的命令必須正確，切合實際，不可有錯誤的指揮，而讓士兵無謂犧牲。他又提出以「道」致勝的觀點，強兵之「道」是富國；破強敵、取猛將之「道」是陣、勢、變、權；以一擊十之「道」是攻其無備，出其不意。孫臏的確是一個傑出的軍事家。

《尚書．太甲》說：「天作孽，猶可違；自作孽，不可活。」龐涓不顧與孫臏同窗之誼，處心積慮地加害孫臏，最後落得遭殺身之禍的下場，可謂：「自作孽，不可活。」朋友之間相處，應該親愛精誠，彼此關愛，真誠相待。與人為善，自己才路寬，才是一種人生智慧；反之，朋友之間互相猜忌，鬥勝爭強，爭名奪利，在短暫的人生中，是多麼微不足道，多麼令人寒心。

交友的故事

「刎頸之交」廉頗與藺相如

廉頗是戰國時代趙國優秀的將領，曾經攻打齊國，大敗齊軍，奪取了陽晉（今山東曹縣附近），被任為上卿。於是他的勇猛善戰，聞名於諸侯各國。而藺相如也是趙國人，是趙國宦官頭目繆賢的門客。

原先楚國人卞和，在楚山中得到一塊璞玉，獻給楚厲王。厲王請玉工鑑定，玉工說是石頭。厲王認為卞和騙了他，便砍掉了卞和的左腳。厲王死後，武王繼位。卞和又獻這塊璞玉給武王。武王請玉工鑑定，玉工也說是石頭。武王也以為卞和騙他，又砍斷了卞和的右腳。武王死後，文王繼位。卞和抱著這塊璞玉，在楚山下哭了幾天幾夜。楚王便派人問他為什麼啼哭不止，是不是因為失去了雙腳。

卞和說：「我傷心的是寶玉被看成石頭，忠貞之士被說成騙子。」

楚王命令玉工把璞玉加工成玉璧，取名「和氏之璧」。「和氏之璧」質地超群，價值連城，引起諸侯們的覬覦。

當時趙惠文王得到楚國的和氏璧。秦昭王知道了，派人送信給趙王，說願意用十五座城來換和氏璧。趙王召集廉頗等大臣商議對策。諸大臣認為，把璧交給秦國，又怕得不到秦國的十五座城，白白受騙；要是不給，又怕秦國以此為藉口而攻打趙國。主意拿不定，想找個可以派遣去回復秦國的人。

這時，宦官頭目繆賢說：「我的門客藺相如可以出使。」

趙王問：「您憑什麼知道他可以出使呢？」

繆賢回答說：「我曾經犯了罪，私下打算要逃到燕國去。藺相如阻止我說：『您憑什麼知道燕王會收留您？』我告訴他，我曾跟隨大王與燕王在邊境相會，燕王私下握著我的手說：『我願意交個朋友。』憑此知道他，所以打算去投奔。相如對我說：『如今趙國強，燕國弱，您又受趙王寵幸，所以燕王想跟您結交。現在您竟從趙國逃奔到燕國，燕王害怕趙國，一定不敢收留您，反而會把您捆綁起來送回趙國的。您不如袒胸露臂，趴在斧質上請罪，就能僥倖得到趙王赦免。』我聽從他的意見，幸而大王赦免了我。我私下認為藺相如是個勇士，有智謀，可以出使。」

於是趙王召見藺相如，問他：「秦王打算用十五座城換我的璧，可不可以給他？」

藺相如說：「秦國強大，趙國弱小，不能不答應他的要求。」

趙王說：「拿了我的璧，不給我城，怎麼辦？」

藺相如說：「秦王用城換璧而趙國不答應，理虧的是趙國；趙國給秦璧而秦不給趙國城，理虧的是秦國。寧可答應秦的請求而讓它負理虧的責任。」

趙王問：「可以派誰去呢？」

藺相如說：「大王如果找不到人，我願意捧著和氏璧出使秦國。城給了趙國，就把璧留在秦國；城不給趙國，我保證完璧歸趙。」

於是趙王就派藺相如帶著和氏璧西入秦國。

秦王坐在章臺宮接見藺相如。藺相如捧和氏璧獻給秦王。秦王非常高興，把和氏璧傳給嬪妃及侍從人員看，群臣都歡呼「萬歲」。

藺相如看出秦王無意把城酬報給趙國，就上前說：「璧上有些瑕疵，請讓我指給大王看。」

秦王把和氏璧交給藺相如。

藺相如捧璧退了幾步站住，背靠著柱子，怒髮衝冠，對秦王說：「大王想要得到和氏璧，派人送信給趙王，趙王召集所有大臣商議，都說：『秦國貪婪，依仗強大，想用空話來詐取和氏璧，償城恐怕得不到。』打算不給秦國和氏璧。但是我認為平民之間交往，尚且不相互欺騙，何況是大國之間的交往呢！而且因為一塊璧的緣故惹得強大的秦國不高興，不應該。於是趙王齋戒了五天，派我捧著和氏璧，在朝堂上行過叩拜禮，親自拜送了國書。這為的是尊重大國的威望而表示敬意。現在我來到秦國，大王卻在一般的宮殿接見我，禮節顯得十分傲慢；得到璧後又將它傳給嬪妃們看，以此來戲弄我。我看大王無意給趙國十五座城，所以又把它取回來。大王一定要逼迫我，我的頭現在就與和氏璧一起撞碎在柱子上！」

秦王怕他撞碎和氏璧，就婉言道歉，堅決請求他不要撞碎和氏璧，並召喚負責的官吏察看地圖，指點著說要把十五座城給趙國。

藺相如料定秦王只不過以欺詐的手段假裝把城劃給趙國，就對秦王說：「和氏璧是天下共傳之寶，趙王敬畏大王，不敢不獻出來。趙王送璧的時候，齋戒了五天。現在大王也應齋戒五天，在朝堂上安設『九賓』的禮節，我才敢獻上和氏璧。」

秦王估計情況，終究不能強奪，就答應齋戒五天，把藺相如安置在廣成賓館裡。

藺相如料定秦王雖然答應齋戒，也必定違背信約，不把城償給趙國，讓他的隨從穿著粗布衣服，懷著那塊璧，從小道逃回趙國。

秦王齋戒五天後，就在朝堂上設了「九賓」的禮儀，延請趙國使者藺相如。

藺相如來到，對秦王說：「秦國自從秦穆公以來的二十多個國君，不曾有一個是堅守信約的。我實在怕受大王欺騙而對不起趙國，所以派人拿著璧，已經從小路回到趙國了。再說秦國強大而趙國弱小，大王派一個小小的使臣到趙國，趙國會立刻捧著璧來。現在憑藉秦國的強大，先割十五座城給趙國，趙國怎麼會敢留著璧而得罪大王呢？我知道欺騙大王的罪該死，我請求受湯鑊之刑。希望大王和大臣們仔細商議這件事。」

秦王和大臣們面面相覷，又驚又恐。

左右有的要拉相如去殺掉，秦王說：「現在殺了藺相如，終究得不到和氏璧，反而斷絕了秦趙的友好關係，不如趁此好好招待他，讓他回趙國去。難道趙王會因為一塊璧的緣故而欺騙秦國嗎？」

秦王終於在朝廷上接見藺相如，讓他回趙國。

藺相如回國以後，趙王認為他是個賢能的大夫，出使到諸侯國家能不受辱，就任命他為上大夫。

此後秦國沒有給趙國城池，趙國也沒有把和氏璧給秦國。

後來，秦軍攻打趙國，攻下石城。第二年秦軍又攻趙，殺了趙國兩萬人。秦王派使臣告訴趙王，要和趙王和好，在西河外澠池相會。趙王害怕秦國，不想去。

廉頗、藺相如商量說：「大王不去，顯得趙國既軟弱又怯懦。」

趙王於是赴會，藺相如隨行。

廉頗送到邊境，跟趙王辭別時說：「大王這次出行，估計一路行程和會見的禮節完畢，直到回國，不會超過三十天。如果大王三十天沒有回來，就請允許我立太子為王，以便斷絕秦國要挾趙國的念頭。」

趙王同意廉頗的建議。

秦王酒喝得高興時說：「我聽說趙王喜好音樂，請趙王彈彈瑟吧！」趙王就彈起瑟來。秦國史官走上前來寫道：「某年某月某日，秦王與趙王會盟飲酒，命令趙王彈瑟。」

藺相如走向前去說：「趙王聽說秦王善於演奏秦地的樂曲，請允許我獻盆缶給秦王，請秦王敲一敲，藉此相互娛樂吧！」

秦王發怒，不肯擊缶。這時藺相如走上前去獻上一個瓦缶，趁勢跪下請求秦王敲缶。秦王不肯。

藺相如說：「如大王不肯敲缶，在五步之內，我把自己頸項的血濺在大王身上！」

秦王的侍從要殺藺相如，藺相如瞪著眼睛呵斥他們，他們都被嚇退了。於是秦王很不高興，為趙王敲了一下瓦缶。

藺相如回頭召喚趙國史官寫道：「某年某月某日，秦王為趙王擊缶。」

秦國的眾大臣說：「請趙王用趙國的十五座城來給秦王獻禮。」

藺相如也說：「請把秦國的都城咸陽送給趙王獻禮。」

直到酒宴結束，秦王始終未能占趙國的上風。趙國又大量陳兵邊境，以防備秦國入侵，秦軍也不敢輕舉妄動。

澠池會結束後，回到趙國。因為藺相如功勞大，趙王任命他為上卿，位在廉頗之上。

廉頗說：「我做趙國的大將，有攻城野戰的大功勞，而藺相如只不過憑著口舌的功勞，職位卻在我之上。再說藺相如本來是卑賤的人，我感到羞恥，不甘心位居他之下！」揚言說：「我碰見藺相如，一定要侮辱他。」

藺相如聽說之後，不肯和他會面，每逢上朝時常常託詞有病，不願跟廉頗爭列。過了些時候，藺相如出門，遠遠看見廉頗，就掉轉車子避開他。

門客一起勸告藺相如，說：「我們離開父母兄弟而來侍奉您，是因為仰慕您的高尚品德。現在您與廉頗職位相同，廉將軍散布一些惡言惡語，您卻怕他，怕得太過分了。平庸的人對這種情況尚且感到羞恥，更何況是將相呢！我們實在沒有才能，請允許我們告辭離去吧！」

藺相如堅決挽留他們，說：「你們看廉將軍與秦王相比哪個厲害？」

門客們回答說：「廉將軍不如秦王厲害。」

藺相如說：「憑秦王那樣的威風，我藺相如敢在秦的朝廷上呵斥他，侮辱他的臣子們。相如雖然才能低下，難道偏偏害怕廉將軍嗎？我想到：強大的秦國之所以不敢輕易侵犯趙國，只因為有我們兩個人存在啊！兩虎相鬥，勢必不能俱生。我之所以這樣做，是以國家之急為先而以私仇為後啊！」

廉頗輾轉聽到這些話之後，就袒衣露背，揹著荊條，由門客引導到藺相如家門謝罪，說：「我這個粗陋卑賤的人，不知道將軍寬容我到這樣的地步啊！」

兩人終於和好，成為刎頸之交。

藺相如雖然出身卑微，但是，他有過人的智慧和膽識，不畏懼強權，出使秦國，完璧歸趙，而且陪侍趙王，出席與秦王的澠池之會，與秦王針鋒相對，處處以趙國利益為重，把死生置之度外。這些故事家喻戶曉，如今，時間已過二千多年，人們還在歌頌他的機智勇敢與不以一己榮辱為念的高尚品德。

藺相如深知秦王狡詐貪婪的本質，及時識破秦王欺騙利誘的手段，又巧妙利用秦王這種本質，提出欲得和氏璧的條件，化被動為主動，在秦廷指揮秦王，表現了非凡的智慧。回趙國後，廉頗對他產生「瑜亮情節」，藺相如不與廉頗爭寵，以國家利益為先，大局為重，不計個人恩怨，而且以寬容之心對待廉頗，最後感動了廉頗，使廉頗肉袒負荊，兩人和衷共濟，成為生死之交，這是「將相和」的好榜樣，也是朋友相處的好典範。《格言聯璧》說：「人之謗我也，與其能辯，不如能容；人之侮我也，與其能防，不如能化。」藺相如的舉止言行，就是這些話的最佳注腳。

至於廉頗，勇於認錯，負荊請罪，與藺相如成為刎頸之交，留下千古美談，值得後世效法。《中庸》說：「知恥近乎勇。」俗語也說：「知過能改，善莫大焉。」廉頗也不失為一個智者與勇者。我們不怕犯錯，怕的是犯了錯而不知悔改。只要勇於承認錯誤，積極承擔起應負的責任，就不必對過去的錯誤耿耿於懷。

人與人相處，難免產生摩擦與矛盾，這時我們要彼此寬容，互相諒解。寬恕蘊含著做人的謙虛和真誠，也是對他人的尊重與接納。所以，寬容是一種修養，一種品質，更是一種美德；寬容不是膽小無能，而是一種海納百川的大度。如果一個人小肚雞腸，心胸狹隘，毫無寬容之心，為了一點小事，而破壞彼此美好的心境與生活的和諧，是一種愚蠢。如果不寬恕敵人，就會失去朋友。

白馬故人范式

東漢時期的范式，字巨卿，山陽郡人，與汝南郡的張劭（字元伯）是好朋友，兩人一同在京城洛陽太學讀書。

學業結束要各自告歸鄉里，分手時，張劭站在路口，望著飛過長空的大雁說：「今日一別，不知何年才能見面……」眼淚不禁奪眶而出。

范式忙拉著他的手，勸慰說：「兄弟，不要悲傷，兩年後的秋天，我一定去你家拜望令尊令堂，見見你的孩子。」

兩年後的秋天，落葉蕭蕭，籬菊怒放。張劭在偶然間聽到長空一聲雁叫，想起和范式約定的事，趕緊回到屋裡對母親說：「剛才我聽到長空雁叫，范式快來了，我們好好準備吧！」

他的母親不相信，搖頭嘆息：「傻孩子，山陽郡離這裡一千多里路啊！范式怎麼會來呢？」

張劭說：「范式為人正直、誠懇、極守信用，不會不來。」

他的母親只好說：「好好，我去做點酒菜。」

其實，他母親並不相信范式會來，只是怕兒子傷心而已。

范式果然在約定的日子風塵僕僕地趕來了。舊友重逢，異常親熱。

張劭的母親激動地站在一旁直擦眼淚，感嘆地說：「天下真有這樣講信用的朋友！」

後來，張劭得了一場重病，臨終前嘆說：「見不到我的生死之交范式，相當遺憾！」

當天晚上，范式夢見張劭來對他說：「我死了，訂於某日下葬。你不會忘記我，但是怎麼來得及呢？」

范式醒來，感到非常悲哀，馬上穿上孝服，乘車趕去。還沒到達，而已經發喪了。到了墓穴，將要下葬，而棺柩不肯進。

張式的母親撫棺問：「元伯還有什麼期望嗎？」

張劭的妻子說：「元伯有遺憾，一定在等候范先生。」

停柩等待多時，見遠處有素車白馬，在車上的人慟哭而來。

張劭的母親說：「必定是范巨卿先生來了。」

范式到了以後，叩棺說：「安心地走吧元伯！死生不同路，請從此永別。」

會葬的千餘人，都感動得流下了眼淚。於是棺柩向前移動了。

范式在張家住了幾天，為張劭修好墳樹之後才離去。

范式與張劭的生死之交，真摯真誠，著實令人感動。

處世交友，最須強調真誠，不得以勢利交。隋末大儒王通，在《文中子》中說：「以勢交者，勢傾則絕；以利交者，利窮則散。」《薛文清公讀書錄．交友》中也說：「不以利交則無咎。」交友要擺脫功利的依附，才會有真誠、純潔而美麗的友誼。

范式與張劭的交誼，擺脫勢利，彼此真誠，所以不離不棄，堅守誠信，直到死別，感人肺腑。置之今日，尤為難能可貴。

古人說：「一諾千金。」又說：「一言既出，駟馬難追。」守信是一個人立身處世的基點，自古以來，講信用的人，受到人們的歡迎和讚頌；不講信用的人，必定受到人們的斥責和唾罵。朋友之間最重要的，莫過於誠信。誠信是一把無往不利的劍，走到哪裡都應該帶著它。

捨身全友的荀巨伯

東漢章帝時，盜賊常攻掠州縣，天下不安寧。

潁川（今河南潁川）人荀巨伯，到遠處某郡去探視朋友的疾病，恰巧遇上盜賊來攻打該郡。

那個病友對荀巨伯說：「我病得很重，很難逃走，一定沒法子救了，你趕快逃走吧！」

荀巨伯說：「我遠道來探視你的病，你叫我走我就走，這樣敗壞道義而求僥倖生存，那是我荀巨伯所做的事嗎？」

他仍然留下來，照料病友如初。

不多時，盜賊果然侵入這個郡城內，發現荀巨伯，就問他說：「我們大軍來到，這郡城裡的人都逃走一空了，你是怎樣的一個男子，竟敢一個人單獨留在這裡沒走？」

荀巨伯回答說：「我的朋友有病，我不忍拋棄他而去，所以留了下來，寧願以我的身體來代替這病友的生命。」

這些胡賊們聽到了荀巨伯以上的一段話，彼此相顧著並很感慨地說：「我們是一批無義之人，竟然來到了這個有義之國（指此郡）！」於是趕緊相率離去了。

這一郡因此沒有受到騷擾，人們的生命財產才得以保全。

聽劉老師說

最珍貴的友情是彼此講道義的友情，朋友之間講道義，才能雪中送炭，而不是僅僅錦上添花而已。朋友之間講道義，才能彼此忠實，肝膽相照。真誠相交，堅守道義，友誼才能深切長久，反之，如果以勢利相交，勢力傾倒就會絕交，利益沒有就會疏散。

孔子說：「君子喻於義，小人喻於利。」

《淮南子》說：「君子思義而不慮利，小人貪利而不顧義。」

西人索福克勒斯說：「一個人如果拋棄他忠實的朋友，就等於拋棄他珍惜的生命。」

荀巨伯遠道去探視病友，恰巧遇到胡賊攻郡，雖病友勸他趕快逃走，免得被賊殺害，可是荀巨伯卻勇敢地留下來照顧病友，不離不棄。他見義勇為，對朋友堅守道義，因而感動了胡賊，自覺慚愧而退。荀巨伯不僅保全了自身的生命，也保全了一郡人的生命財產，確是一個講義氣、見義勇為的君子。他沒有「拋棄他忠實的朋友」，也沒有「拋棄他珍惜的生命」。

揮金割蓆的管寧

東漢末年的管寧，字幼安；華歆，字子魚。兩人在年輕的時候，是一對非常要好的朋友。成天形影不離，同桌吃飯、同榻讀書、同床睡覺。

有一次，他們一起到菜園鋤草。管寧抬起鋤頭，一鋤下去，「噹」一下，碰到一個硬東西。管寧好生奇怪，把一大片泥土翻過來。有一個黃澄澄的東西閃閃發亮，他定睛一看，是塊黃金，他自言自語地說：「我以為是什麼硬東西呢，原來是錠金子。」接著，他不再理會了，繼續鋤草。

「什麼？金子！」華歆聽到了，趕緊丟下鋤頭跑了過來，拾起金塊捧在手上仔細端詳。

管寧見狀，一邊揮著鋤頭幹活，一邊責備華歆說：「錢財應該是靠自己的勞力獲得，一個有道德的人，不可以貪圖不勞而獲的財物。」

華歆聽了，口裡說：「這個道理我也懂。」手裡卻還捧著金子左看右看，捨不得放下。後來，他實在被管寧的目光盯得受不了了，才心不甘情不願地丟下金子過去幹活。可是他心裡還在想金子，幹活沒有先前努力，還不停地唉聲嘆氣。管寧看他這個樣子，不再說什麼，只是暗暗地搖頭。

又有一次，他們同坐在一張蓆子上讀書。正看得入神，忽然外面鼓樂喧天，夾雜著鳴鑼開道的吆喝聲和人們看熱鬧的吵嚷聲。管寧和華歆走到窗前看究竟。

原來是一位達官顯貴乘車經過。一大隊隨從佩帶著武器、穿著統一的服裝前呼後擁地在旁護衛，威風凜凜。那車飾更是豪華：車身雕刻著精巧美麗的圖案，車簾用五彩綢緞製成。四周裝飾著金線，車頂還鑲著一大塊翡翠，顯得高貴逼人。

管寧對於這些不屑一顧，又回到原處專心讀起書來，對外面的喧鬧完全充耳不聞。

華歆卻完全被這張揚的聲勢和豪華的排場吸引住了。他甘脆連書也不讀了，急急忙忙地跑到街上去跟著人群尾隨著車隊。

管寧抑不住心中對華歆的嘆惋和失望。等到華歆回來以後，管寧就拿出刀子當著華歆的面把蓆子從中間割成兩半，痛心而決絕地說：「我們兩人的志趣不同，從今以後，我們就像這被割斷的草蓆一樣，你不再是我的朋友了。」

聽劉老師說

「揮金割蓆」這個典故，後來用以形容節操高潔，不貪世俗名利，也拿「割蓆」借指朋友絕交。

孔子說：「道不同，不相為謀。」（《論語．衛靈公》）志向相同的人，才能成為好朋友。清代曾國藩曾經寫信告訴他的兒子說：「選擇朋友是人生第一要事，必須是選擇志向遠大的人做朋友。」能有志向相同又遠大的朋友，該是人生一大樂事。管寧和華歆兩人，因為「道不同」，所以很難成為好朋友，甚至最後管寧不惜割蓆與華歆絕交。

我們都知道，要想讓友誼長存，首先要學會原諒彼此的小缺點、小過失。朱光潛先生在其《談修養》書中說：「人的性格也難免有瑕疵稜角，如私心、成見、驕矜、暴躁、愚昧、頑惡之類，要多受切磋琢磨，才能洗刷淨盡，達到玉潤珠圓的境界。朋友便是切磋琢磨的利器，與自己愈不同，摩擦愈多，切磋琢磨的影響也就愈大。」

《論語．顏淵》記載，子貢請教孔子交友之道，孔子說：「忠告而善道之，不可則止，毋自辱焉。」朋友之間應該互相切磋琢磨、忠告善道，難道管寧不知道這些道理嗎？我想管寧平時對華歆「忠告善道」已經不知多少次了，已經仁至義盡了，只是華歆屢勸不聽、依然故我、我行我素，管寧不願「自辱」，才不惜出此割蓆絕交的下策。就華歆來說，失去管寧這樣一個「益友」，也著實很可惜呢！

東漢末年，政治紛亂。管寧避居遼東，衆多百姓跟隨著他。魏文帝徵他為太中大夫，魏明帝徵他為光祿勳，他都一概拒絕。居遼東三十年，常著黑帽，身穿布衣，講學詩書，安貧樂道，終不受黃巾賊、公孫化、曹魏政權所誘惑，情操勝雪。所以文天祥〈正氣歌〉中，有「或為遼東帽，情操厲冰雪」之句。

雖然管寧選擇與華歆絕交有點極端，但是管寧如果繼續勸誡下去，華歆一定會認為管寧看不起他或者厭煩他，兩個人的友誼也不會長久。我們要知道，朋友就是朋友，各有自己的為人處世標準，能夠一起努力奮鬥，改正不足最好，但是如果對方不願意，就別奢求改變對方。

交友的故事

厚情待舊友的蘇東坡

蘇東坡與章惇交識甚早，少為莫逆之交。蘇東坡任主考官期間，曾把章惇的兒子章援取為第一名。可是，後來章惇當上了宰相，執掌大權，卻陷害蘇東坡及其弟弟蘇轍，蘇東坡因「誹謗先帝」罪名，被發配嶺南，以後又被貶到海南島。

早先蘇東坡與章惇同遊仙遊潭時，蘇東坡不敢走兩谷間的獨木橋，而章惇卻平步而過，毫不畏懼。蘇東坡說笑道：「子厚（章惇字子厚）他日必能殺人。」又相傳曾有一天，章惇袒腹而臥，蘇東坡剛好從外面回來，摩他的腹而問蘇東坡說：「你說我肚子裡有什麼東西？」蘇東坡回答說：「都是謀反的家事。」當時只是戲言，殊不知後來章惇所要謀反的、所要殺的，卻是蘇東坡。

在元祐大臣中，章惇最忌恨蘇軾、范祖禹和劉安世三個人，因為蘇東坡聲望很高，又與皇帝近密，范祖禹有學問氣節，而劉安世是諫官，剛強敢言，非置他們於死地，總覺夜不安枕。

章惇的父親章俞，少年時，行為很不檢點，與他早寡的岳母楊氏私通，生下章惇。章俞雇用乳母，將他養大，後來登第做官。

有人說，熙寧九年（一〇七六），章惇知湖州，蘇東坡作〈和章七出湖州二首〉詩，詩中有「方丈仙人出渺茫，高情猶愛水雲鄉」之句，使章惇懷疑在譏嘲他的出身，因此結怨。章惇出知湖州五年後，蘇東坡因詩獄一案，被貶謫黃州，憂讒畏譏，不敢給至親知交寫信，只有寫信給章惇，坦述他和弟弟蘇轍經濟窘迫的情況，娓娓詳道黃州的生活。可見他們之間的交情依然深厚。宰相王珪，在宋神宗面前讒害蘇軾，章惇還代抱不平。又元祐初，章惇知樞密院事，和司馬光時常發生磨擦。司馬光不堪虐侮，幸賴蘇東坡居中調解疏通，才得稍解。

元祐時期，章惇為宰相，首先想除掉不在朝的蘇東坡，後又千方百計，非欲置之死地不可，為什麼會這樣呢？因為元祐時期，蘇東坡與章惇兩個人的政治立場不同，早已逐漸疏遠了。他們之間的矛盾，恐怕「私怨」成分不大，而是在政治奪權的情勢下，章惇對蘇東坡嚴重地猜疑。

後來，蘇東坡遇赦北歸，章惇卻因失勢而被放逐到嶺南的雷州半島當司戶參軍。蘇東坡聽到這個消息，為之驚嘆累日。他怕被人誤會，自然只能直接去慰問他的家屬，即使章惇的兒子章援還是他的門生。想到黃寔的母親是章惇的胞姊，所以立刻寫寄〈與黃師是書〉，說：「子厚得雷，聞之驚嘆彌日。海康地雖遠，無瘴癘，舍弟居之一年，甚安穩，望以此開譬太夫人也。」信中只安慰章惇，多想想將來，而對彼此之間的恩恩怨怨，隻字未提。

蘇東坡如此寬宏大度，章惇自是羞愧不已，一家人都對蘇東坡心存感激。

聽劉老師說

朋友是學習的夥伴，更是心靈的伴侶。與朋友相交處，需要一顆清純的心，尤其是老朋友，更要真誠相待。明代洪應明《菜根譚》說：「遇故舊之交，意氣要愈新。」就是說：遇到多年不見的老友時，情意要特別真誠與熱情。

如果和朋友有了不愉快，甚至於結冤結仇，則應寬厚容讓，和氣大度。俗語說：「冤宜解不宜結。」倘若冤冤相報，只讓仇恨愈來愈深，甚至成了世仇，仇怨就無了時。

蘇東坡曾經對他的弟弟蘇轍說：「在我眼中天下沒有一個不是好人。」因此，他很少恨別人，甚至不會恨別人。他的老友章惇，一當宰相，就把他貶謫海南島，這對蘇東坡來說，是多麼大的打擊傷害，可是蘇東坡大人大量，並沒有懷恨在心。當章惇失勢而被放逐雷州半島，蘇東坡沒有幸災樂禍的心態，更沒有對他落井下石，反而「驚嘆彌日」，設法加以安慰鼓勵，這樣坦誠對待昔日陷害過自己的老友，終於換回了朋友的真心。

真誠交友的白敏中

唐代的白敏中，與賀拔惎是很要好的朋友，兩人一起到京城長安參加科舉考試。王起擔任主考官，知道王敏中出身望族，文章與才智又非常優異，極為賞識，想把他錄取為狀元。可是嫌棄他和貧寒的賀拔惎非常要好，過從甚密，因此猶豫不決，就暗地裡派人去暗示他，說：「只要你不再跟賀拔惎來往，主考官王起就取你為狀元。」白敏中聽了以後，心裡大不以為然，但是沒有說什麼。

這時恰巧賀拔惎來訪，白敏中的家人把他打發走了。白敏中知道之後，當場盛怒，大發雷霆，趕緊去追賀拔綦回來，把實際的情況一五一十地告訴他，並且對他說：「狀元有什麼稀罕呢，朋友又怎麼能夠不要呢？」話一說完，就立刻叫家人擺了豐盛的酒菜，與賀拔綦觥籌交錯，開懷暢飲。

王起派來的人看到這般情景，心裡生氣了，回去把此事如實報告王起，並說：「白敏中這小子放不下賀拔綦，千萬不可讓他當狀元。」

誰知道王起一反初衷，同時錄取了白敏中和賀拔綦。

白敏中寧可要朋友而不要狀元的頭銜，這種對待朋友的真誠，感動更感化了王起，使王起改變對寒士賀拔惎的偏見。

唐代的柳宗元被貶為柳州（今廣西柳城縣）刺史時，他的好朋友劉禹錫也被貶到更遙遠的播州（今貴州遵義縣）。同是淪落之人，柳宗元卻哭著說：「播州不是人所適宜居住的地方，而且劉禹錫還有老母在堂，我不忍心看到禹錫的處境困窘，以至於無法對母親說這件事，況且也絕沒有讓母子同赴播州的道理。」於是向朝廷請求，上書皇帝，願以柳州換播州，即使因此再次得罪，雖死無恨。

當韓愈為柳宗元作墓誌銘時，對柳宗元的重友誼、尚節概，熱烈歌頌。韓愈說：「唉！士人在困窘時才最能表現出節義。當今的人們平日同處於街巷之中，互相敬慕要好，競相吃酒食遊戲娛樂，強作笑顏以示誠心友好，握手傾訴以表明要肝膽相照，指著蒼天太陽流淚，發誓要生死與共，不相背叛。真好像這一切都十分可靠。然而一旦碰上小的利害衝突，哪怕小得僅如毛髮一般，就會反目相向，好像從來都不認識一樣。若是你落入陷阱，他不但不伸手援救，反而趁機排擠，往井裡丟石頭，這樣的人到處都是。這是禽獸和野蠻民族都不忍心去做的，而那些人卻自以為自己的算計很是成功。當他們聽到了柳宗元的為人風度，應該稍稍知道羞愧了吧。」

朋友相交，要彼此講誠信，友誼才能天長地久。真誠是保持友誼的基礎，朋友之間要休戚與共，不可一旦遇上利害便相背棄。《後漢書》說：「共輿而馳，同舟共濟，輿傾舟覆，患實共之。」若以勢利論交，勢傾利窮，友誼則絕散。白敏中與賀拔惎、柳宗元與劉禹錫之間，是以真誠而非利害交的好例子。

互勵互勸的費宏

明代的費宏，二十歲就考中狀元，於是恃才傲物，不把別人放在眼裡。有一次他跟一個朋友聊天，不知怎樣，兩個人爭論起來了，爭了半天，互不相讓。費宏火大了，就打了朋友一個巴掌。那個朋友捂著臉，氣憤地走了。從此以後兩人就絕交了。

不久這件事傳開了。費宏的一個老鄉，寫信把這件事告訴費宏的父親。費宏的父親知道兒子對待朋友這樣無理，非常生氣，立刻回信教訓費宏，說：「你年紀輕輕就這樣不尊重朋友，太不像話了。趕快去向那個朋友道歉，否則就會犯更大的錯誤。」隨信還附上一根竹板子，叫他拿著竹板子到那個朋友家去賠罪。

費宏收到信和竹板子後，既慚愧又後悔。立刻趕到那個朋友家裡。可是那個朋友怒氣未消，不願意見他。費宏連續去了三次，那個朋友都拒而不見。費宏著急了，第四次又去，就先請別人把父親的信和竹板子送給那個朋友看，希望他能原諒。

那個朋友看了信和竹板子，非常感動，哭著跑出來接待費宏。

費宏見他這麼傷心，以為他還在生氣，立即向他道歉，說：「我太對不起你了，請你別再生我的氣吧！」

那個朋友搖搖頭，說：「我不是生你的氣，我是在想，你有那麼好的父親，你有了過錯，有父親教導你；可是我的父親早就死了，我有了過錯，他不能再教導我了。我因此而難過啊！」

費宏安慰他說：「這不要緊，我們朋友之間，也能互相指出過錯，互相規勸改過啊！」

費宏和他的朋友又和好如初，此後不但沒有吵過架，反而經常相互鼓勵，相互幫助，友誼永固。

若想讓友誼長存，首先要學會原諒彼此的小缺點、小過失。寬容朋

友，就是對我們自己的寬容。與人為善，自己路寬，如果大家都可以做到這一點，就沒有「獨木橋」了，大家都可以在陽關道上闊步前進。

少年人青年人血氣方剛，與朋友交往，難免一言不合，就吵了起來，甚至於打了起來，致使彼此斷絕了友誼，如費宏那樣。

費宏在和朋友的爭論中，打了朋友的耳光，友誼斷絕了。可是，他有一個明理的父親，勸他要向朋友負荊請罪，他也幡然悔悟，遵照父親的指示去做，結果使朋友恢復了友誼。在故事中，我們見到一對可敬可愛的父子情，也見到了感人的友情。

直言諫友的曾國藩

陳源袞是曾國藩的同鄉，也是曾國藩的諍友，兩個人同年考中進士。

曾國藩考中進士後，就與陳源袞成了親密的朋友。兩人盡情暢談古今天下大事，探討學問、人生等許多問題，相互幫助，坦誠相見，經常毫不客氣地直言對方的缺點。

曾國藩在日記中寫道：「岱雲（陳源袞）來，久談，彼此相勸以善。予言皆己所未能而責人者。岱雲言余第一要戒『慢』字，謂我無處不著怠慢之氣，真切中膏肓也。」

又說：「予於朋友，每相恃過深，不知量而後人，隨處不留分寸，卒至小者齟齬，大者凶隙，不可不慎。」「我處事不患不精明，患大刻薄，須步步留心。」

曾國藩切實感到這位同年好友一針見血地指出了他的缺點，所以發出「直哉，岱雲克敦友誼」的感嘆。

當陳源袞有不當之處時，曾國藩也對他直言批評。陳源袞心地高傲，有時言行和常人不同，以致常常引起別人的誤解。曾國藩對此一針見血地對他說：「要注意自己的言行，廣交朋友，為以後好相見。你的妻子去世之後，不少朋友都送了奠幛之類的禮物，你應該回謝，但是你沒有給雷鶴皋謝帖。此等處很要緊，反映了為人做事的原則。至要至要，務求三思。」

陳源袞的脾氣不好，有時會因為生活中的瑣事影響到公務的處理。對此，曾國藩在給陳源袞的信中嚴厲批評說：「前面與岱雲談時，曾稱尊嫂為陳氏功臣。近聞又奪還鐵券一次，吾不信也。果爾，則國藩臨別曾囑老岱懲忿，又忘之耶？自彼此次病後，不啻一家骨肉，故敢道及，諒不見罪。」

當陳源袞奉旨赴任吉安太守的時候，曾國藩感到缺少了一位好朋友。在惆悵之餘，撰寫了一篇〈送陳岱雲出守吉安序〉，勉勵陳源袞忘記生活中的不快，不要因為每日的惆悵影響了政事。當曾國藩接到陳源袞寄自江西的回信時，欣喜若狂。他勉勵好友潔身自好，清正廉明為官，並回信懷念他們同在京城友好相處的日子，說：「計與閣下相處八年，憂戚愛憎，無一不相告問。每有稱意之言，與不可於心之事，輒先走白閣下。今遽乖分，如何可任！」

陳源袞在吉安有所作為，不久就調任廣信知府。曾國藩深知老友的毛病，又寫信提醒他不要鋒芒畢露，以免引起別人的忌恨和不滿，曾國藩在信中這樣說：「岱雲在外間歷練，能韜鋒斂銳否？胡以世態生光，君以氣節生芒。其源不同，而其為人所忌一也。」

曾國藩，初名子城，字滌生，登進士後，改名國藩，清代湖南湘鄉（今湖南湘潭縣）人。家世業農。曾國藩自幼刻苦力學，中進士後，官至禮部侍郎。咸豐初年，太平天國興起於廣西，曾國藩奉命督辦團練，編制地方鄉勇，成立湘軍，與太平軍作戰十二年，終於消滅太平天國。後又平定捻匪，為清代中興第一功臣。而後又歷任武英殿大學士、直隸總督、兩江總督。

曾國藩極重視修身養性，為學深博，含義理、詞章、經濟、考據，立德、立功又立言。事親至孝，對諸弟至悌，待友至誠，謀國至忠。

《論語．顏淵》載：子貢問友。子曰：「忠告而善道之，不可則止，毋自辱焉。」孔子意思是說：朋友如果有過失，要忠心勸告他，好好開導他。《論語．季氏》，孔子以「友直」、「友諒」、「友多聞」，為三益友；而以「友便辟」、「友善柔」、「友便佞」為三損友。益友要正直、真誠、見聞豐富，而損友則是慣動歪腦筋、裝模作樣、愛說人閒話。

曾國藩與陳源袞之間的交誼，互相幫助，彼此坦誠相見，直言對方的缺點，相勸以善，是誠孔子所謂「忠告善道」與「三益友」的典範。

主要參考書目

1. 《正史全文標校讀本》，鼎文書局，一九七九年十一月。
2. 《中國歷史人物名君評傳》，萬象圖書公司，一九九三年十月。
3. 《中國歷史人物名臣評傳》，萬象圖書公司，一九九三年九月。
4. 《中國歷史人物名將評傳》，萬象圖書公司，一九九三年十月。
5. 《中國歷代名將傳（上）》，陳梧桐、蘇雙碧，大行出版社，一九八九年十一月。
6. 《中國歷代名將傳（下）》，陳碧天，大行出版社，一九九〇年二月。
7. 《中國歷代名臣傳（上、下）》，李桂海，大行出版社，一九九〇年二月。
8. 《中國歷代人物評傳》，劉子清，黎明文化事業公司，一九七四年十二月。
9. 《歷史人物分析》，姚秀彥等，國立空中大學，二〇〇〇年八月。

10. 《讀史學做人》，任浩之，先覺出版公司，二〇〇六年二月。
11. 《從歷史看做人》，上官雲飛，波希米亞文化出版公司，二〇〇八年二月。
12. 《從歷史看人物》，許倬雲，洪建全教育文化基金會，二〇〇五年十二月。
13. 《歷史的智慧大全集》，王宏儀，北京北方聯合出版公司，二〇一〇年九月。
14. 《中華上下五千年的智慧》，孫紹武，北京燕山出版社，二〇一一年一月。
15. 《歷史潛規則大全集》，劉爽，北京中國畫報出版社，二〇一一年十一月。
16. 《史記故事大全集》，青宛，北京中國華僑出版社，二〇一一年八月。
17. 《受益終生的孔子名言》，盛文林，北京工業大學出版社，二〇一一年九月。
18. 《論語之處世十大法》，李一冉，北京中國廣播電視出版社，二〇一二年九月。
19. 《儒之說——人生哲理與中庸之道》，方德岩，北京當代世界出版社，二〇〇九年六月。
20. 《菜根譚全解》，滿若空，北京中央編譯出版社，二〇一一年三月。
21. 《菜根譚處世全書》，葛偉，北京中國城市出版社，二〇〇九年一月。

22.《在北大聽到的二十四堂歷史課》，馬銀春，北京中國商業出版社，二〇一三年七月。
23.《螢雪齋文輯》，劉昭仁，秀威資訊科技公司，二〇一一年十二月。
24.《螢雪齋文續輯》，劉昭仁，秀威資訊科技公司，二〇一三年九月。

後記

筆者始終以為品德是一個人立身處世之本，品德是人類的普世價值、核心價值。美好的名譽，要靠品德和貢獻才能獲得，古今中外絕無例外。《左傳》以立德、立功、立言為「三不朽」，立德實為立功、立言的基礎，言之輕重，功之大小，必以道德厚薄為準。

有學者說：「人如果離開了人性和高貴的品德，就跟禽獸毫無區別。」

莎士比亞說：「生命短促，只有美德能將它留傳到遙遠的後世。」

塞繆爾．斯邁爾斯說：「淵博的學識或聰明才智，如果缺少美德，那麼，它也只不過是兇殘的魔鬼之化身。」

美國故總統羅斯福說：「有學問而無道德者是一個惡漢；有道德而無學問者是一個鄙夫。」我們不能成為惡漢或鄙夫。

古今中外品德高尚的人，必然令人肅然起敬，心嚮往之。雖然說「人之初，性本善」，高尚的品德還是要靠修養而成。品德修養的最佳方式，是以古今聖賢為典範。筆者於是分就孝順、忠貞、交友、寬仁、勤學、廉潔、誠信、節儉、慎獨、忍讓十類，每類列舉若干中國「歷史人物」，透過人物介紹，啓迪我們為人處世的德慧。本系列書的交友篇「交友的意義」、「交友的故事」與「聽劉老師說」是重點所在。這是一本融合文史哲的書，相信對讀者具有一定程度的助益。

本書文稿由實踐大學資訊管理學系學生陸建宇打字，出版組同仁協助校稿與出版事宜，秀威資訊科技公司承印，非常感激，均此致謝。

出版心語

近年來，全球數位出版蓄勢待發，美國從事數位出版的業者超過百家，亞洲數位出版的新勢力也正在起飛，諸如日本、中國大陸都方興未艾，而臺灣卻被視為數位出版的處女地，有極大的開發拓展空間。植基於此，本組自二〇〇四年九月起，即醞釀規劃以數位出版模式，協助本校專任教師致力於學術出版，以激勵本校研究風氣，提升教學品質及學術水準。

在規劃初期，調查得知秀威資訊科技股份有限公司是採行數位印刷模式並做數位少量隨需出版（POD=Print on Demand）（含編印銷售發行）的科技公司，亦為中華民國政府出版品正式授權的POD數位處理中心，尤其該公司可提供「免費學術出版」形式，相當符合本組推展數位出版的立意。隨即與秀威公司密集接洽，雙方就數位出版服務要點、數位出版申請作業流程、出版發行合約書以及出版合作備忘錄等相關事宜逐一審慎研擬，歷時九個月，至二〇〇五年六月始告順利簽核公布。

執行迄今，承蒙本校謝董事長孟雄、陳校長振貴、黃教務長博怡、藍教授秀璋以及秀威公司宋總經理政坤等多位長官給予本組全力的支持與指導，本校諸多教師亦身體力行，主動提供學術專著委由本組協助數位出版，數量逾六十本，在此一併致上最誠摯的謝意。諸般溫馨滿溢，將是挹注本組持續推展數位出版的最大動力。

本出版團隊由葉立誠組長、王雯珊老師以及秀威公司出版部編輯群為組合，以極其有限的人力，充分發揮高效能的團隊精神，合作無間，各司統籌策劃、協商研擬、視覺設計等職掌，在精益求精的前提下，至望弘揚本校實踐大學的辦學精神，具體落實出版機能。

實踐大學教務處出版組　謹識

二〇一五年七月

少年・歷史003　PG1304　實踐大學數位出版合作系列

向歷史人物學品格

・交友篇

編著者／劉昭仁
統籌策劃／葉立誠
文字編輯／王雯珊
封面設計／蔡瑋筠
執行編輯／陳佳怡
圖文排版／楊家齊
出版策劃／秀威少年
製作發行／秀威資訊科技股份有限公司
114 台北市內湖區瑞光路76巷65號1樓
電話：+886-2-2796-3638
傳真：+886-2-2796-1377
服務信箱：service@showwe.com.tw
http://www.showwe.com.tw

郵政劃撥／19563868
戶名：秀威資訊科技股份有限公司
展售門市／國家書店【松江門市】
104 台北市中山區松江路209號1樓
電話：+886-2-2518-0207
傳真：+886-2-2518-0778

網路訂購／秀威網路書店：http://www.bodbooks.com.tw
國家網路書店：http://www.govbooks.com.tw
法律顧問／毛國樑　律師

總經銷／聯寶國際文化事業有限公司
221新北市汐止區康寧街169巷27號8樓
電話：+886-2-2695-4083
傳真：+886-2-2695-4087

出版日期／2015年07月　BOD一版　**定價**／200元
ISBN／978-986-5731-24-3

秀威少年
SHOWWE YOUNG

國家圖書館出版品預行編目

向歷史人物學品格. 交友篇 / 劉昭仁編著. -- 一版. -- 臺北市 : 秀威少年, 2015.07
面； 公分. -- (少年.歷史 ; PG1304) (實踐大學數位出版合作系列)
BOD版
ISBN 978-986-5731-24-3(平裝)

1. 友誼 2. 通俗作品

195.6 104008076

讀者回函卡

感謝您購買本書，為提升服務品質，請填妥以下資料，將讀者回函卡直接寄回或傳真本公司，收到您的寶貴意見後，我們會收藏記錄及檢討，謝謝！如您需要了解本公司最新出版書目、購書優惠或企劃活動，歡迎您上網查詢或下載相關資料：http:// www.showwe.com.tw

您購買的書名：______________________________

出生日期：________年________月________日

學歷：□高中（含）以下　□大專　□研究所（含）以上

職業：□製造業　□金融業　□資訊業　□軍警　□傳播業　□自由業
　　　□服務業　□公務員　□教職　□學生　□家管　□其它____

購書地點：□網路書店　□實體書店　□書展　□郵購　□贈閱　□其他

您從何得知本書的消息？

□網路書店　□實體書店　□網路搜尋　□電子報　□書訊　□雜誌
□傳播媒體　□親友推薦　□網站推薦　□部落格　□其他__________

您對本書的評價：（請填代號　1.非常滿意　2.滿意　3.尚可　4.再改進）

封面設計____　版面編排____　內容____　文／譯筆____　價格____

讀完書後您覺得：

□很有收穫　□有收穫　□收穫不多　□沒收穫

對我們的建議：______________________________

____

____

____

請貼
郵票

11466
台北市內湖區瑞光路 76 巷 65 號 1 樓
秀威資訊科技股份有限公司 收
BOD 數位出版事業部

(請沿線對折寄回，謝謝！)

姓　　名：＿＿＿＿＿＿＿＿　年齡：＿＿＿＿　性別：□女　□男

郵遞區號：□□□□□

地　　址：＿＿＿＿＿＿＿＿＿＿＿＿＿＿＿＿

聯絡電話：(日)＿＿＿＿＿＿＿＿ (夜)＿＿＿＿＿＿＿＿

E-mail：＿＿＿＿＿＿＿＿＿＿＿＿＿＿＿＿